D1932495

10 Jahre Loewe Leseleiter

Das Erfolgskonzept
zum Lesenlernen

Leselöwen

Geschichten von Schulfreunden und Streichen

Loewe

Bibliografische Information Der Deutschen Bibliothek
Die Deutsche Bibliothek verzeichnet diese Publikation in der Deutschen Nationalbibliografie; detaillierte bibliografische Daten sind im Internet über *http://dnb.ddb.de* abrufbar.

Der Umwelt zuliebe ist dieses Buch auf chlorfrei gebleichtem Papier gedruckt.

ISBN 3-7855-5525-3 – 1. Auflage 2005
© für diese Ausgabe 2005 Loewe Verlag GmbH, Bindlach
Als Einzelbände bereits beim Verlag erschienen:
Leselöwen-Schulklassengeschichten
Leselöwen-Lehrergeschichten
Umschlagillustration: Dagmar Geisler
Reihenlogo: Angelika Stubner
Reihengestaltung: Andreas Henze

www.loewe-verlag.de

Inhalt

Schulklassengeschichten

Lehrergeschichten

Angelika Mechtel

Schulklassengeschichten

Zeichnungen von Brigitte Smith

Das Plüschmonster

Der erste Schultag nach den Ferien beginnt mit einer Überraschung. Die Klasse 2b bekommt eine neue Lehrerin. Sie heißt Frau Winter. Wenn sie seufzt, hört es sich an, als entweiche Luft aus einem Fahrradventil. Außerdem hat sie rote Haare und auf der Nase tausend Sommersprossen.

Und sie behauptet, sie könne zaubern.

„Zaubern?“, schreit Julian und verdreht die Augen, bis nur noch der weiße Augapfel zu sehen ist „Sind Sie vom Zirkus?“

Stephanie rückt ihre neue Brille auf der Nase zurecht und erklärt: „Mein Vater sagt, es gibt keine Zauberei. Wer zaubert, benutzt faule Tricks!“

Frau Winter bleibt dabei: Sie kann zaubern.

Ansonsten sieht sie ganz normal aus. Sie ist klein und noch ziemlich jung. Mit Vornamen heißt sie Anita.

„Ihr glaubt mir also nicht, dass ich zaubern kann?“

Fabian antwortet für alle. Er ist der Kleinste der Klasse, aber der Mutigste. Er traut sich sogar, auf dem Pausenhof einen aus der 4. Klasse anzurempeln.

„Hokuspokus“, sagt er, „ist was für Kindergartenkinder! Die glauben auch noch an den Weihnachtsmann!“

„Nun, dann seht einmal her!“ Frau Winter öffnet ihre Aktenmappe und holt ein seltsames Plüschtier heraus. Es hat einen roten Bauch, einen schwarzen Rücken, gelbe Ohren, grüne Pfoten und Glasaugen, die gefährlich funkeln.

Das sieht ja zum Fürchten aus! Nadine bekommt eine Gänsehaut.

Clara, die vorne in der ersten Reihe sitzt und jeden Tag eine andere Schleife im Haar trägt, erschrickt nicht. Sie klatscht in die Hände. „Mensch! Toll! Ein echtes Monster!"

„Ein Monster!", schreien alle durcheinander.

Dann drückt Frau Winter auf den Bauch des Monsters, und es beginnt zu lachen. Selbstverständlich lacht es nicht selbst. Es ist ein kleines Tonband. Aber das lacht sich halb tot.

Als es endlich aufhört zu lachen, erkundigt sich Stephanie: „Ist das der Zauber?“

„Quatsch mit Soße ist das“, mault Mathias leise.

„Dann seht einmal in euren Schultaschen nach!“

Tatsächlich! Jeder findet in seiner Schultasche etwas, das vorher nicht darin war. Einen Spitzer oder einen Radiergummi, einen Aufkleber oder ein Sammelbild.

Kann Frau Winter tatsächlich zaubern?

„Glaub ich nicht!“, brummt Paule und will das lachende Plüschmonster untersuchen. Aber Frau Winter steckt es in ihre Mappe zurück.

„Glaub ich doch!“, schreit Simone. Und dann reden alle durcheinander.

Nur Nico sitzt stumm in der letzten Reihe. Ihm hat Frau Winter einen Radiergummi in die Schultasche gezaubert. Er sieht wie ein Elefant aus. So einen hat sich Nico schon lange gewünscht.

Nicos Zahn

Nein, Nico ist nicht stumm.

Er redet nur selten. Und wenn er einmal etwas sagt, dann spricht er sehr leise. Deshalb setzt ihn die Lehrerin Frau Winter in die erste Reihe neben Clara.

Clara ist ganz anders als Nico. Sie redet wie ein Wasserfall. Außerdem kann sie die schönsten Elefanten malen.

„Vielleicht", sagt Frau Winter, „vielleicht färbt ein bisschen was von Clara auf Nico ab und von Nico etwas auf Clara."

Die Zwillinge Anja und Ilka kichern. Sie kichern häufig.

Julian, der meistens nur Blödsinn im

Kopf hat, ruft: „Dann müssen sie hinterher ins Entfärberbad gelegt werden. Das macht meine Mama immer, wenn etwas in der Waschmaschine abgefärbt hat. “

Und Philip, der mindestens so viele Sommersprossen wie Frau Winter hat, brummelt: „Warum darf Nico neben Clara sitzen und nicht ich?“

Philip ist in Clara verliebt. Aber Clara will nichts von ihm wissen. Das ist in der

ganzen Klasse bekannt. Davon, dass auch Nico in sie verliebt ist, weiß keiner etwas. Als Nico neben ihr seine Sachen auspackt, bekommt er Herzklopfen und schwitzige Hände.

In der Rechenstunde soll Clara sagen, wie viel 2 mal 4 ist. Sie weiß es nicht.

„Acht!", flüstert Nico.

In der Pause hält er Clara seine Lakritzschlange entgegen und will sagen: „Magst du?" Aber er ist so aufgeregt, dass er keinen Ton herausbringt. Clara lacht ihn aus und geht mit Katrin und Nadine in den Hof. Sie tut so, als sei Nico Luft, nichts als Luft.

In der nächsten Stunde sollen die Kinder erzählen, was sie am Wochenende erlebt haben. Als Clara an die Reihe kommt, redet sie wie ein Wasserfall. Sie fängt mit dem Frühstücksei am Sonntag an und erzählt und erzählt.

Nico hört staunend zu und ruckelt dabei an einem seiner Schneidezähne. Der ist seit gestern locker.

Zum Schluss sagt Clara: „Und dann tauchte der Vollmond in meinem Fenster auf."

Den ganzen Tag lang fummelt Nico an dem Wackelzahn, auch dann noch, als er längst im Bett liegt und an Clara denkt.

„Wenn ich", denkt Nico, „wenn ich Clara nur irgendetwas Besonderes schenken könnte! Dann wäre ich bestimmt nicht mehr Luft für sie!" Irgendwann schläft er ein.

Am nächsten Morgen liegt der Zahn klein und ein wenig blutig auf dem Kopfkissen. So ein Zahn ist doch etwas Besonderes, oder etwa nicht?

Nico packt ihn stolz ins Federmäppchen und nimmt ihn mit in die Schule. Er möchte den Zahn Clara zeigen. Aber Clara sitzt neben ihm, als wäre er überhaupt nicht vorhanden.

In der zweiten Stunde schiebt sie ihm eine Zeichnung zu. Nico hat vor Aufregung wieder einmal Herzklopfen. Könnte es sein, dass sie ihn doch mag?

Clara hat einen grünen Elefanten gezeichnet mit einem Knoten im Rüssel.

„Das soll bestimmt ich sein, wenn ich kein Wort herausbringe“, denkt Nico und wird rot. Da fällt ihm auf, dass Clara einen Fehler gemacht hat. Er grinst und ist auf einmal gar nicht mehr aufgeregt.

„He! Clara!“ Er stupst sie mit dem Ellenbogen an. „Du hast den Knoten an der falschen Stelle gemacht! Elefanten reden gar nicht mit dem Rüssel!“

Clara will ihm eine patzige Antwort geben. Aber dann entdeckt sie die Zahnlücke. „Mensch! Toll! Du hast ja einen Zahn verloren!“

In der Pause wollen alle den kleinen blutigen Zahn sehen. Clara betrachtet ihn besonders lange. „Würdest du tauschen?“, fragt sie. „Ich biete dir meinen neuen Batman-Radiergummi!“

Nico schüttelt den Kopf. „Nicht tauschen. Ich schenk dir meinen Zahn.“

Und Clara bedankt sich mit dem schönsten Lächeln der Welt.

Der Neue

An einem Montagmorgen bringt Frau Winter, die Lehrerin mit den Sommersprossen, einen fremden Jungen in die Klasse.

„Das ist Friedrich."

Einundzwanzig Augenpaare starren ihn an. Er macht ein trotziges Gesicht und betrachtet seine Schuhspitzen.

Komische Schuhe hat er an! Es sind blaue Schnürstiefel, die schon ziemlich abgenutzt aussehen. Er trägt überhaupt nur blaue Sachen. Der Anorak ist blau, die Hosen sind es und der Pullover. Und was ist das für eine seltsame Schultasche?

„Mit so was sind früher die Dinosaurier zur Schule gegangen!“ Philip sagt das sehr abschätzig.

Es ist ein brauner Lederranzen.

Frau Winter legt tröstend den Arm um die Schultern des fremden Jungen. „Friedrich, das ist also deine neue Klasse. Ich hoffe, du findest hier bald viele Freunde.“

Zum ersten Mal hebt der Neue den Kopf und sagt etwas. Er sagt nur ein einziges Wort: „Frrrie-de-rrrich!“

Die beiden r in seinem Namen rollt er, als schicke er einen Intercity durchs Klassenzimmer. Er besteht darauf, Frie-de-rich zu heißen.

Was für ein altmodischer Name! Genauso altmodisch wie die Klamotten, die er trägt!

Simone macht sich über den Fremden lustig und wiederholt spöttisch: „Frrrie-de-rrrich!“

Die Klasse kichert.

Frau Winter erzählt, dass Friederich aus Russland kommt. Seine Urgroßeltern waren Deutsche. Er spricht nur wenig Deutsch.

Er muss sich neben den dicken Henning

setzen, neben dem sonst keiner sitzen mag. Dort sitzt Friederich und redet nur, wenn Frau Winter ihn etwas fragt.

In der Pause steht er allein herum. Er kauft sich keine Cola, keine Lakritze und keine Gummibärchen. Zweimal geht Frau Winter zu ihm und unterhält sich mit ihm. Sie tut, als sei der Neue etwas Besonderes.

Am Mittwoch passiert es dann.

Thomas schlendert in der Pause zu Friederich hinüber, rempelt ihn an und zischt: „Weg da! Das ist mein Platz!“ Eigentlich steht Thomas immer mit Fabian und seinem Zwillingsbruder Daniel auf der anderen Seite des Schulhofs.

Der Neue macht ein trotziges Gesicht und beißt ein Stück von seinem Pausenbrot ab.

Thomas überlegt nicht lange. Er weiß, dass keiner in der Klasse stärker ist als er. Ehe Friederich den Brotbissen hinunterschlucken kann, rammt Thomas ihm eine Faust in den Magen.

Das hätte er besser nicht getan. Der

Fremde schreit nicht einmal. Er schlägt einfach zurück. Seine Fäuste sind schnell und hart. Als die Glocke zum Pausenende läutet, wälzen sich die beiden auf dem Schulhof. Die ganze Klasse sieht zu. Keiner greift ein.

Schließlich boxt sich einer aus der 4. Klasse durch den Zuschauerring. „Wollt ihr euch totschlagen?"

Er greift Thomas am Pullover und Friederich am Hosenbund und zieht sie auseinander. Thomas blutet aus der Nase. Dem Friederich läuft Blut von der Augenbraue übers Gesicht. Aber beide grinsen zufrieden.

Drei Tage lang gehen sie sich aus dem Weg. Am vierten Tag kommt Thomas dann zum Neuen und hält ihm die Hand hin: „Frieden?"

Friederich schüttelt den Kopf, schlägt aber ein. „Nein", sagt er. „Frrriederrr!"

„Also, was seine Fäuste anbelangt", sagt Thomas später zu Fabian und Daniel, „da ist der Frieder beinahe so gut wie ich!"

Das Filzstiftmonster

Seit zwei Wochen geht das Filzstiftmonster um. Bisher hat es keiner gesehen. Es scheint unsichtbar zu sein oder sehr geschickt. Es lässt nicht nur Filzstifte verschwinden. Es frisst auch Radiergummis, Wachsmalkreiden, Bleistifte und sogar Comichefte.

Einen unsichtbaren, gefräßigen Dieb zu fangen ist eine schwierige Aufgabe. Paule hat bereits alle Ecken des Klassenzimmers mit einer Lupe untersucht. Bisher hat er keine Spur entdeckt.

„Bist du sicher, dass es ein Monster ist?“, erkundigt sich Stephanie und rückt ihre

Brille zurecht. „Es könnte doch auch jemand von uns sein, oder?"

Paule besteht darauf, dass es sich um ein Monster handelt. Er will gerade erklären, warum, da geschehen zwei Dinge gleichzeitig: Zuerst läutet es zum Unterrichtsbeginn, und dann heult Mathias auf. Es hört sich wie eine Sirene an.

Sein Pausengeld ist verschwunden! Und nicht nur das Geld ist weg. Es fehlt auch der grüne Geldbeutel, der wie ein echter Frosch aussieht.

Mathias schreit vor Wut. „Das ist gemein! Richtig gemein!"

Als Frau Winter das Klassenzimmer betritt, sind alle damit beschäftigt, den Geldbeutelfrosch zu suchen. Nur Friederich, der Neue, nicht. Er sitzt still an seinem Platz.

Am eifrigsten sucht Anneke. Sie leert sogar die Schultasche von Mathias aus. Florian beobachtet sie nachdenklich.

Paule erklärt Frau Winter, was gerade geschehen ist.

Bisher hat sie gelächelt, wenn Paule vom Filzstiftmonster berichtete. Diesmal legt sie ihre Stirn mit den tausend Sommersprossen in Falten. Sie will wissen, ob Mathias den Geldbeutel vielleicht daheim vergessen hat und sich nur nicht daran erinnert.

Nein, nein! Mathias schwört, dass er eben noch auf dem Tisch lag. Dort türmen sich jetzt Bücher und Hefte, das Federmäppchen, die Buntstiftschachtel, zwei Kaugummis, ein Matchboxauto und ein Schokoriegel. Der Geldbeutel bleibt verschwunden.

„Das ist eine ernste Sache, Kinder“, sagt Frau Winter. „Eigentlich müsste nun jeder seine Schultasche ausleeren, damit ich überprüfen kann, ob der Geldbeutel vielleicht den Besitzer gewechselt hat.“

Anneke schnippt aufgeregt mit dem Finger. „Ich muss mal! Ich muss ganz doll!“

Kaum hat Anneke das Klassenzimmer verlassen, will auch Florian zum Klo. Paule wird misstrauisch, hebt die Lupe und blickt den beiden nach.

Als die zwei von der Toilette zurückkommen, schlägt Frau Winter vor, dass das Filzstiftmonster nachher, wenn der Unterricht beendet ist und alle heimgegangen sind, zu ihr kommt und ihr den Geldbeutel übergibt. „Damit ist die Sache dann erledigt. Einverstanden?“

Alle sind einverstanden. Auch Paule nickt. Aber er hat einen Plan. Nach dem Schlussläuten legt er sich auf die Lauer.

Seine Spürnase sagt ihm, dass es drei Verdächtige gibt: Anneke, Florian und Friederich. Nicht umsonst will Paule, wenn er einmal groß ist, der beste Detektiv aller Zeiten werden.

Das Warten lohnt sich: Fünf Minuten nachdem alle das Klassenzimmer verlassen haben, kommt Florian zurück.

Am nächsten Morgen prahlt Paule mit seiner Entdeckung. Als Frau Winter das Klassenzimmer betritt, weiß schon jeder, dass Florian der Dieb ist.

Ziemlich hochnäsig fragt Stephanie: „Warum bestrafen Sie den Florian nicht?“

Frau Winter lächelt geheimnisvoll. „Florian ist nicht der Dieb. Er hat mir den Geldbeutel nur im Auftrag des Filzstiftmonsters gebracht. Allerdings mit dem Versprechen, dass nichts mehr verschwinden wird.“

„Und wer ist nun das Filzstiftmonster?“

„Die Sache ist erledigt!“ Frau Winter duldet keinen Widerspruch. Anneke dreht sich zu Florian um. Florian strahlt, und Anneke wird rot bis über beide Ohren. Ohne Florians Hilfe hätte sie nicht gewusst, wie sie die Sache in Ordnung bringen soll.

Dunya will dazugehören

Das ist ja genauso schlimm wie freitags Spinat mit Spiegeleiern essen zu müssen!

Simone soll sich neben Dunya setzen. Und Dunya ist eine Katastrophe! Sie ist verrückt und sammelt Steine. Jeden Tag bringt sie neue mit. Die liest sie irgendwo auf und behauptet, sie seien wertvoll. Dabei sind es ganz gewöhnliche Kieselsteine. Außerdem zieht Dunya nur rosafarbene Sachen an und kann nicht mal gut Gummitwist hüpfen.

Und nun soll Simone also neben Dunya sitzen, obwohl Dunya gar nicht zu ihren Freundinnen gehört. Anneke ist Simones

Freundin, und Stephanie. Carolin ist es und Corinna. Sie sind immer zu fünft. Beim Friseur haben sie sich alle die gleichen Frisuren schneiden lassen: vorne ein langer Pony und hinten eine superlange Haarsträhne. Sie verabscheuen Lakritze und essen nur rote und grüne Gummibärchen von der feinsten Sorte. Als Zeichen ihrer Freundschaft haben sie mindestens einen Fingernagel lackiert.

Zu Beginn des Schuljahres gehörte auch Clara dazu. Aber Clara hat sich mit Nico angefreundet. Seitdem mag sie lieber Lakritze als Gummibärchen.

Simone ist sauer. Ehe sie ihr Heft und das Lesebuch ausbreiten kann, muss sie erst einmal Dunyas Durcheinander auf dem Tisch beiseite schieben. Wenn Dunya eines nicht kann, dann ist es Ordnung zu halten. Hefte, Bücher, Steine und Stifte sind über den ganzen Tisch ausgebreitet.

„Die Hälfte des Tisches gehört mir!“ Simone legt ein Lineal in die Mitte. „Das ist die Grenze. Keinen Zentimeter mehr.“

Dunya räumt gutmütig ihre Sachen auf einen Haufen. Sie hat nichts gegen Simone. Im Gegenteil.

Wenn sie ehrlich ist, dann wäre sie gerne so wie Simone. Dann hätte sie fünf Freundinnen, die alles tun, was sie sagt. Dann wäre sie die Beste beim Gummitwist und könnte wie Simone mit dem Ballett-tanzen angeben. Nur die lackierten

Fingernägel findet sie affig. Aber das sagt sie nicht.

Vielleicht schafft sie es ja, Simones Freundin zu werden?

Schon am nächsten Tag gibt sich Dunya große Mühe. Sie achtet sehr genau darauf, nur eine Hälfte des Tisches zu benutzen. In der Pause schenkt sie Simone ein nagelneues Gummiband. Dafür darf sie auch einmal hüpfen. Danach setzt Simone eine verächtliche Miene auf und schiebt Dunya beiseite. „Du musst erst noch tüchtig üben!"

Dunya übt. Jeden Nachmittag spannt sie ein Gummiband zwischen zwei Stühle im Wohnzimmer und hüpft auch die schwierigen Kreuzsprünge.

Ja, zur Verwunderung ihrer Mutter zieht sie nun sogar das blaue Kleid mit dem Matrosenkragen an.

Von ihrem Taschengeld kauft sie rote und grüne Gummibärchen. Simone und ihre Freundinnen nehmen gerne welche davon. Aber Simone meint: „Das nächste Mal kaufst du die, die zehn Cent

teurer sind. Sie schmecken einfach besser!“

In der dritten Woche verteilt Simone Einladungen zu ihrer Geburtstagsparty. Erst als Dunya sicher ist, dass Simone ihr keine Einladung mehr gibt, fragt sie: „Und ich?“

Simone verdreht die Augen und seufzt. „Du passt einfach nicht zu uns!“

Dunya schluckt. Sie schluckt einen dicken Tränenkloß im Hals hinunter. Und dann wird sie wütend. Sie schiebt das Lineal beiseite, breitet Bücher und Hefte, Steine und Stifte über den ganzen Tisch aus und sagt so laut, dass es alle in der Klasse hören können: „Lackierte Fingernägel finde ich übrigens affig! Damit du’s nur weißt!“

Der Schulausflug

Frau Winter deutet mit dem Zeigefinger auf eine Wiese am Waldrand. „Dort machen wir unser Picknick, Kinder! Ein Picknick ist das Schönste beim Schulausflug."

Heute ist kein Unterricht. Heute ist Frau Winter mit der 2b in den Königsforst gefahren, und sie wandern durch den Wald und über die Wiesen.

Es macht allen Spaß. Bis Fabian dann verschwindet. Auf einmal ist er weg. Wie vom Erdboden verschluckt. Selbst der Klassendetektiv Paule hat keine Spur, die zu Fabian führen könnte.

Thomas tut das einzig Richtige. Er legt die

Hände zum Trichter um den Mund und schreit in den Wald hinein: „Fa-bi-an!“

„-bi-an!“, tönt das Echo zurück.

Nun legen alle die Hände um den Mund und brüllen: „Fa-bi-an! Fa-bi-an!“

Aufgeregt und durcheinander antwortet das Echo.

Carolin behauptet, sie habe Fabian zum

letzten Mal vor ungefähr fünf Minuten gesehen. „Er ist hinter den anderen im Wald hergetrottet."

„Das stimmt nicht", denkt Nadine. „Ich glaube, ich habe gesehen, wie er noch einmal in den Steinbruch zurückgelaufen ist."

Den Steinbruch haben sie vor zehn Minuten besucht. Dunya hat mindestens zwanzig Steine aufgesammelt. Danach ist die 2b wieder in den Wald zurückgewandert.

„Aber", überlegt Nadine, „wenn ich mich nun täusche?"

Dann würde sie sich ganz schön blamieren. Sie hat Angst davor, sich zu blamieren. Nadine hat eigentlich vor allem Angst: vor Käfern und Spinnen, vor dem strengen Hausmeister und davor, nachts im Dunkeln allein zu sein.

Frau Winter bittet die Kinder, auf der Wiese zu warten. Sie will den Weg, den sie gekommen sind, zurückgehen und Fabian suchen.

Nadine setzt sich neben Anneke ins Gras. Sie denkt weiter nach. Im Fernsehen hat sie einmal gesehen, wie Kinder in einem Steinbruch verunglückt sind. Sie wurden verschüttet.

Fabian hat vorhin eine Höhle entdeckt und behauptet, darin hause ein Drache. Frau Winter hat ihm aber verboten, in die Höhle hineinzugehen. Wenn er nun doch hineingegangen ist? Fabian ist mutig genug, so etwas zu tun! Vielleicht hat der Drache Fabian unter Sand und Steinen begraben?

„He! Nadine!“ Anneke bietet ihr ein rotes und ein grünes Gummibärchen an. Nadine schüttelt den Kopf.

„Dann nicht!“ Anneke steckt die Gummibärchen selbst in den Mund.

„Wenn er verschüttet ist, wird Frau Winter Fabian niemals finden!“ Nadine springt auf. Und dann läuft sie einfach los.

Die Klasse schreit hinter ihr her. Sie hört nicht. Sie hat Angst, allein in den Wald

hineinzurennen. Aber sie rennt und rennt. Der Waldboden federt unter ihren Füßen, und die Angst wird mit jedem Schritt kleiner.

Endlich hat Nadine Frau Winter eingeholt. Gemeinsam gehen sie zum Steinbruch.

Nadine hatte Recht: Dort finden sie Fabian.

Er kauert vor dem Eingang zur Höhle auf den Fersen und legt den Zeigefinger auf den Mund, als sie sich nähern. Er beobachtet etwas.

Es ist ein kleiner Drache, der sich auf einem Stein sonnt.

„Ein Drache!", flüstert Nadine aufgeregt.

Fabian nickt. „Ein Babydrache!"

Frau Winter seufzt leise wie ein aufgeschraubtes Fahrradventil. „Unsinn! Das ist doch nur eine Eidechse!"

Nadine und Fabian sehen sich an. Sie denken beide dasselbe: Typisch! Erwachsene haben keine Ahnung von Drachen!

Das Kaugummimonster

Natürlich Julian!

So eine verrückte Idee kann nur Julian haben.

„Der Kaugummi“, erklärt er und kaut eifrig, „der muss gut durchgekaut sein, so richtig flutschig, rutschig und klebrig.“

Dann klebt er seinen Kaugummi auf die Türklinke. Er ist schön warm und ekelhaft feucht.

„Großes Ehrenwort und heiliger Schwur: Niemand verrät etwas!“

„Großes Ehrenwort und heiliger Schwur!“ Selbst Simone mit der großen Klappe schwört.

Diesmal ist sich die ganze Klasse einig. Mucksmäuschenstill warten sie darauf, dass die Lehrerin, Frau Winter, hereinkommt.

Hätte Frau Winter eine Spürnase wie Klassendetektiv Paule, müsste sie eigentlich Verdacht schöpfen. Aber das tut sie nicht. Fröhlich wie jeden Morgen will sie das Klassenzimmer betreten. Wie jeden Morgen muss sie erst einmal die Tür öffnen. Ohne hinzusehen, legt sie energisch die Hand auf die Klinke.

„Iiiih!“ Das hört sich an, als hätte sie noch nie in ihrem Leben einen gut durchgekauten Kaugummi gefühlt.

„Was ist denn das?“ Lange, klebrige Kaugummifäden hängen an ihrer Handfläche. Frau Winter ekelt sich. „Wer war das?“

Julian blickt unbeteiligt zur Zimmerdecke. Dunya und Nadine halten die Luft an. Nico zieht den Kopf zwischen die Schultern, und Daniel bekommt vor Aufregung feuchte Hände. Angewidert spreizt Frau Winter die Hand. Dann fällt ihr Blick auf die Wandtafel. Dort steht:

„Das kaukumie Monsta wahr hir!“

„Nun, will mir keiner sagen, wer diesen Blödsinn ausgeheckt hat?“

Daniel macht es sicherheitshalber wie die anderen. Er starrt geradeaus, haarscharf an Frau Winter vorbei. Aber er hat das dumme Gefühl, sein Mund könnte von allein anfangen zu reden. Das ist ihm schon oft passiert.

„Ich warte auf eine Antwort. Oder seid ihr taubstumm geworden?“

Simone sieht, wie Julian nervös mit den Ohren wackelt.

Frau Winter seufzt. Es hört sich an, als entweiche die Luft gleich aus mehreren Fahrradschläuchen. „Also gut, ihr wollt nichts sagen. Dann werdet ihr eben alle eine Extrahausaufgabe bekommen! Du, Mathias, machst die Türklinke sauber. Und du, Philip, du verbesserst die Rechtschreibfehler an der Tafel.“

„Ich?“ Philip schreit vor Empörung. Er ist gut im Rechnen. Im Rechtschreiben ist er schwach. „Ich war’s doch gar nicht!“

Wird er Julian verraten? Nein. Er hat geschworen. Er beißt fest die Zähne zusammen und schweigt.

Dafür fängt Daniel auf einmal an herumzustottern. Er stottert Unverständliches. „Ja, Daniel? Hast du mir etwas zu sagen?“

„Verräter!“

„Feigling!“

„Trau dich nur nicht!“

Daniel presst beide Hände auf die Lippen und wird rot wie eine Verkehrsampel. Er will nicht wieder petzen. Er hat genauso wie die anderen geschworen. Diesmal hält er dicht.

Mühevoll verbessert Philip die Rechtschreibfehler, die Julian gemacht hat. Manchmal flüstert Stephanie ihm den richtigen Buchstaben zu. Als es läutet, steht endlich an der Tafel:

„Das Kaugummimonster war hier!“

Frau Winter lächelt, als wollte sie sagen: Das habt ihr gut gemacht, Kinder!

Selbstverständlich sagt sie es nicht.

Das Unglück

Nach den Osterferien geschieht ein Unglück. Der dicke Henning, den eigentlich keiner aus der Klasse so richtig mag, läuft vor ein Auto.

Frau Winter erklärt es ihrer Klasse. Er hat mit anderen auf dem Bürgersteig Fußball gespielt. Dann ist der Ball auf die Fahrbahn gerollt. Henning lief hinterher, ohne nach rechts oder links zu sehen.

„Warum hat der Autofahrer nicht gebremst?“, will Stephanie wissen.

„Er fuhr viel zu schnell!“

Aber das hilft Henning nun auch nichts mehr. Er liegt im Krankenhaus.

Nadine beginnt zu weinen, als Frau Winter sagt: „Wahrscheinlich kommt Henning vor den Sommerferien nicht mehr in die Klasse zurück. Er ist sehr schwer verletzt. Sein linkes Bein ist mehrmals gebrochen."

Kann er jemals wieder richtig laufen?

Hat er große Schmerzen?

Ist es sehr langweilig tagein und tagaus im Krankenhaus im Bett liegen zu müssen?

Thomas schreit wütend: „Wenn ich den Autofahrer erwische, mache ich Apfelmus aus ihm!"

Paule will wissen, ob die Polizei schon eingeschaltet ist.

Und dann sagt Florian auf einmal: „Wir müssen uns um den dicken Henning kümmern!“

Er hat auch schon eine Idee. Jeden Tag sollen zwei aus der Klasse Henning im Krankenhaus besuchen.

„Einverstanden?“, fragt Frau Winter.

„Einverstanden!“, ruft die ganze Klasse.

„Und wir bringen ihm jedes Mal etwas von uns mit, damit er weiß, dass wir an ihn denken!“, schlägt Ilka vor.

Als erstes Geschenk malt Clara ein Bild.

Darauf sind zweiundzwanzig Elefanten zu sehen. Sie heißen, wie die Kinder in der Klasse heißen. Alle Elefanten sind grün. Nur den Elefanten, der den Namen Henning trägt, zeichnet Clara mit einem blauen Stift. Er steht auf drei Beinen. Das vierte Bein ist eingegipst und mit einer orangefarbenen Schleife verziert. Der Henning-Elefant schwingt fröhlich den Rüssel in die Luft.

In den kommenden Wochen gibt jeder etwas von seinem Taschengeld ab. Sie kaufen Lakritze und Gummibärchen, Comics, Sammelbilder und Aufkleber für Henning. Frieder bastelt Papierflieger, die Henning auf die Krankenschwestern loslassen kann. Nico trägt das Rechenbuch ins Krankenhaus und will mit Henning üben, aber Henning ist meistens zu müde.

Er ist auch gar nicht mehr der dicke Henning. Blass und schmal liegt er im weißen Krankenhausbett. Nur ein einziges Mal bekommt er Farbe ins Gesicht. Das geschieht, als Clara, ihm ihre Lieblingshaarschleife schenkt. Sie ist blau mit goldenen Tupfen darauf. Henning bittet Clara, die Schleife um eine Stange des Bettgestells zu binden. „Damit ich sie immer sehe!"

Zwei Wochen vor den Sommerferien kann Henning dann zum ersten Mal mit Krücken durch den Krankenhauspark humpeln.

„Was für ein Glück, dass Henning wieder gesund wird!", sagt Frau Winter. „Es hätte auch schlimmer kommen können!"

Anja hat Kummer

Seit gestern ist Anja sehr traurig. Deshalb kann sie auch nicht mehr lachen. Ja, sie lächelt nicht einmal, obwohl Daniel Blödsinn macht. Jedes Mal, wenn Frau Winter nicht zu ihm hinsieht, zieht Daniel Grimassen. Alle im Klassenzimmer kichern, nur Anja nicht.

Nach dem dritten Versuch gibt Daniel auf. Laut und vernehmlich sagt er mitten im Unterricht: „Anja ist krank!"

Diesmal kichert niemand. Diesmal drehen sich alle zu Anja herum und starren sie an.

Frau Winter, die Klassenlehrerin, macht

ein verwundertes Gesicht. „Warum soll Anja denn krank sein?“

Darauf muss Daniel gar nicht mehr antworten. Frau Winter kann nun selbst sehen, dass irgendetwas mit Anja nicht stimmt. Anja weint. Zuerst laufen ihr nur Tränen übers Gesicht, dann schluchzt sie und heult richtig los.

„Aber, Anja! Was ist denn los mit dir?“, erkundigt sich Frau Winter besorgt. Daniel tut das einzig Richtige: Er bringt Anja ein Päckchen Papiertaschentücher.

Anja schnieft, schnäuzt sich die Nase und wischt die Tränen vom Gesicht. Sie braucht mindestens fünf Taschentücher, bis sie endlich mit dem Weinen aufhören kann.

Dann erfährt die Klasse, dass Anja mit ihren Eltern in eine fremde Stadt ziehen muss. Ihr Vater hat dort Arbeit gefunden. Anja weiß es seit gestern Abend.

„Es ist ganz weit weg!“, erzählt sie und fängt schon wieder an, die Tränen hinunterzuschlucken. „Ganz weit! Mit dem

Intercity müssen wir fünf Stunden fahren! Und ich kenne doch niemanden dort! Ich muss dann in eine fremde Schule und Klasse gehen und habe überhaupt keine Freunde mehr!“

„Aber du hast doch uns!“, schreit Daniel. Dann fällt ihm ein, dass Anja ganz allein wegzieht und niemanden aus der Klasse mitnehmen kann. Das ist wirklich ein schwieriges Problem.

Frau Winter tröstet Anja. „So schlimm wird es bestimmt nicht. Du findest in der neuen Klasse sicherlich ganz schnell auch neue Freunde!“

Anja glaubt ihr nicht. Sie schnieft und putzt sich zum sechsten Mal die Nase.

Da hat Paule einen guten Einfall. „Weißt du was“, sagt er, „du sagst uns deine neue Adresse und dann schreiben wir dir! So lange, bis du neue Freunde gefunden hast! Oder auch länger. So lange du willst! Dann bist du überhaupt nicht allein!“

„Keine schlechte Idee“, meint Frau Winter.

Daniel zieht eine Grimasse, und Anja kichert.

ATLAS
RECHNEN

Günter Saalmann

Lehrergeschichten

Zeichnungen von Ralf Butschow

Gespensternächte

Einmal im Jahr, und zwar im Oktober, spukt es in der Schulbibliothek. Und zwar nachts. Wann genau das geschieht, weiß nur ein Mensch im Voraus, die Deutschlehrerin und Bibliothekarin, Frau Griebe.

Sie druckt dann rechtzeitig auf dem Computer ein Gespenster-Plakat:

Auch dieses Jahr war die Gespensternacht wieder gut besucht. Zuerst wurden Spukgeschichten vorgelesen. Dann gab es eine Gespenstermahlzeit: Roten Höllengulasch mit giftgrünen Spagetti.

Nun wurden die Isomatten zwischen den Regalen ausgebreitet und die Taschenlampen zurechtgelegt. Für den Fall, dass der Geist versuchen sollte, sich im Dunkeln zu verstecken. Alle gingen sicherheitshalber noch einmal zur Toilette, und dann hieß es: „Gute Mitternacht allerseits!"

Und tatsächlich kam um Mitternacht das Gespenst. Und spukte, wie man das von Gespenstern kennt, mit Winseln und Poltern.

Aber das war nicht das Schaurigste.

Die echt schaurige Geschichte passierte erst am Montag darauf. Die Zwillinge Detlef und Andrea Seidel kamen morgens zu spät zur Deutschstunde. Frau Griebe musste sie ernst anblicken. Die beiden sahen zerzaust und ziemlich unausgeschlafen aus.

„Wir können nichts dafür!“, verteidigten sie sich. „In der Nacht waren Gespenster da und ließen uns keine Ruhe! Sie haben gepoltert und gewinselt, und …“

„Waren es gleich mehrere?“, fragte Frau Griebe ungläubig.

„In meinem Zimmer war eins“, sagte Detlef.

„In meinem war auch eins“, erklärte Andrea.

„Und was sagen eure Eltern dazu?“

„Die sind auf Geschäftsreise“, riefen beide stolz. „Wir wohnen zurzeit bei unserer Oma.“

Am Dienstag passierte die Sache wieder, nur schlimmer – das eine Gespenst hatte Detlefs Gummibärchen aufgefressen, das andere Andreas Schoko-Taler. Als Beweis zeigten die beiden die leeren Tüten vor.

Beweis ist Beweis. Was sollte Frau Griebe machen? Sie musste diesmal noch viel ernster blicken und dazu mahnende Worte sprechen, denn die Schuluhr kann nun mal auf Gespenster keine Rücksicht nehmen.

Zwei Tage war Ruhe.

Doch, man glaubt es fast nicht, am Freitag – die gleiche Geschichte. Wieder mit Detlef und Andrea. Sie kamen angeschlichen wie zwei begossene Pudel, und wieder viel zu spät.

Diesmal waren verschwunden: ein Super-Mario-Spiel und ein Hausschuh.

„Nun reicht es aber!", rief Frau Griebe. „Wenn sich die Gespenster nicht bessern, muss ich den Eltern dieser Geister einen Brief schreiben!"

Einige Schüler meinten, die Geschichte der Zwillinge sei ein Schwindel. Sie sagten sogar, sie sei erstunken und erlogen.

„Ich glaube es jetzt fast auch“, sprach Frau Griebe zu den beiden Verspäteten. „Setzt euch – und schämt euch!“

Die beiden nahmen Platz. Sie hatten dunkle Ringe um die Augen vor Müdigkeit. Innerhalb der nächsten Viertelstunde hatten sie die ungekämmten Strubbelköpfe auf ihre Hefte gelegt und waren eingeschlafen.

In der nächsten Nacht aber geschah das echt total Schauerliche, der blanke Horror. Bei Frau Griebe daheim.

Sie hatte sich zu Bett gelegt, noch ein Weilchen in ihrem Horoskop gelesen und ein Pfefferminz-Bonbon gelutscht. Ein Bonbon ohne Zucker, deshalb gestattete sie sich dieses kleine Vergnügen nach dem Zähneputzen. Und dann hatte sie mit einem Seufzer die Lampe ausgeknipst.

Sie war schon fast eingeschlafen, da schlug die nahe Turmuhr die Mitternachtsstunde.

Plötzlich fuhr sie hoch, von grässlichem

Stöhnen und Winseln aufgeweckt. Mit schreckweiten Augen starrte sie zum matt schimmernden Viereck ihres offenen Fensters. Hilfe, was war das? Einbrecher???

Die kahlen Äste des Apfelbaums bewegten sich. Sie schwankten, sie schaukelten, sie begannen zu leuchten!

Und da tauchte etwas auf, da, noch etwas! Es flatterte, schwebte, es schwang auf und nieder … Zwei Gespenster, weiß wie Bettbezüge!

An Stelle der Augen sah die Lehrerin nur schwarze Höhlen, aber an der Stelle, wo die Münder hingehörten, brannten blendende Lichter! Bei Detlef und Andrea war pro Person nur ein Gespenst erschienen. Bei ihr aber, bei Isolde Griebe, waren es gleich zwei! Kann man sich das Entsetzen der Ärmsten vorstellen? Sie hatte ihren Schülern nicht glauben wollen, war das jetzt die Strafe?

„Okay, liebe Gespenster, ich glaube ja alles!“, rief sie mit zitternder Stimme.

Und undeutlich, wie wenn ein Mensch

eine kleine Taschenlampe im Mund hält, vernahm sie eine schaurig dumpfe Stimme: „Fau Giebe, Fau Giebe, wenn bu moch eimal mib Geklef unb Ambrea fimpf, bann … bann …“

„Bann paffier waf!“, ergänzte eine andere schaurig dumpfe Stimme, die ebenfalls klang, als ob ein Mensch eine Taschenlampe im Mund hält. Und die Erscheinung erlosch. Nur ein Wind fuhr draußen noch durch die Äste.

Frau Griebe tastete nach ihrer Bonbontüte. Sie war noch voll. Lange konnte sie nicht einschlafen, und am Morgen erschien sie zum Unterricht todmüde, wenn auch pünktlich.

Irgendwann kamen die Zwillinge angetrottet. Auch ihnen waren wieder die Gespenster erschienen und hatten sie um den Schlaf gebracht. Jetzt waren es also schon insgesamt vier Geisterwesen, die diese Klasse heimsuchten!

Heute schimpfte Frau Griebe nicht. Sie sprach Detlef und Andrea Seidel ihren Dank aus, weil sie so heldenhaft nächtelang solche Schrecken erduldet hatten und immerhin doch zur Schule gekommen waren.

Von dieser Stunde an tauchte kein Geist mehr auf. Detlef und Andrea wohnten wieder daheim bei ihren Eltern. Sie baten Frau Griebe, keinen Brief an ihre Eltern zu schreiben. Weil die womöglich sonst ihre Unterschrift verweigert hätten, wenn nächstes Jahr wieder Gespensternacht war – in der Bibliothek!

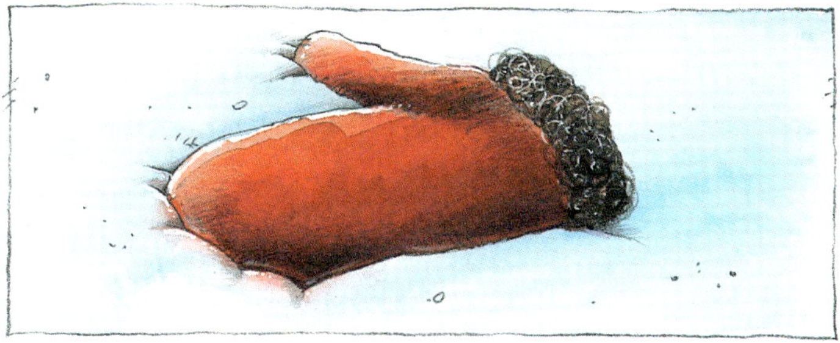

Der Handschuh

Wieder mal Ulf und Alf. Typisch!

Es passierte an dem bitterkalten letzten Tag vor den Winterferien. Auf dem Schulhof. Frau Geißler kam dazu, wie die beiden Jungen gerade eine neue Art Kampfsport erfanden: Sie versuchten, sich gegenseitig an der Nase zu treffen – mit ihren schweren Jo-Jos, die elektrisch blitzten.

„Her damit!“, befahl Frau Geißler.

„Es sind unsere Jo-Jos!“, rief Ulf.

„Her damit!!“

„Es sind unsere Nasen!“, schrie Alf.

Frau Geißler zog ihre warmen,

gefütterten Fausthandschuhe aus, weil die sie beim Wegfangen der mörderischen Dinger behinderten. Sie erwischte sie und stopfte sie in ihre Manteltasche. Und vergaß den Zwischenfall.

Nach Schulschluss wollte sie heimfahren. Aber sie fand ihren linken Handschuh nicht. Den guten, teuren, mit Kunstfell gefütterten.

In der rechten Manteltasche war er nicht. Da steckte nur der rechte. In der linken Tasche waren nur die Jo-Jos, ihr Taschentuch und eine Tablette gegen Kopfschmerzen. Aber kein Handschuh.

Frau Geißler dachte nach: „In der Pause hatte ich doch noch beide Handschuhe! Wo habe ich den einen nur hingelegt?“

Sie durchsuchte ihr Fach im Lehrerschrank. Nichts.

Die Zimmertür stand offen, aus dem Korridor drang das Schimpfen von Herrn Petrov, dem Hausmeister, der seit einer halben Stunde mit einem Drahthaken in einem verstopften Abfluss der Knabentoilette angelte.

Frau Geißlers Laune verschlechterte sich. Zu allem Verdruss steckte in dem verwünschten Handschuh auch noch ihr Fahrschein für den Bus!

Ein Verdacht stieg in ihr auf. Ob jemand ihr einen Streich gespielt und den Handschuh versteckt hatte? Als kleine Rache? Doch wofür? Hatte sie heute die Note 6 austeilen müssen? Ärgerlich verließ sie das Lehrerzimmer. Noch immer hörte sie Herrn Petrov mit seinem Haken hantieren und schimpfen: „Verflixt und zugestopft! Wenn ich nur wüsste, was da wieder so fest steckt! Diese Bande!“

Sie rief: „Angeln soll beruhigend sein für die Nerven, Herr Petrov! Wussten Sie das nicht?“ Es hallte im leeren Schulhaus.

Frau Geißler betrat den Hof. Es hatte begonnen, in dichten, kleinen Flocken zu schneien. Aus dem weißen Gewirbel tauchten zwei Jungen auf. „Gucken Sie mal, was wir gefunden haben!“, riefen sie. Die Lehrerin erkannte Ulf und Alf.

Die hielten ihr den vermissten Handschuh hin. Sie mussten ihn eben erst vom Boden aufgehoben haben, Frau Geißler klopfte den frischen Schnee ab. Der Fahrschein steckte im Fäustling.

Die Jungen rührten sich nicht vom Fleck.

„Ach so“, sagte die Lehrerin, griff in die Tasche und zog die Jo-Jos hervor. „Manchmal vergisst man, was für nette Burschen ihr doch seid, Ulf und Alf! Na, ich wünsche schöne Ferien!“

Die zwei aber riefen: „Alles okay!“ und verschwanden im Schneegestöber. Frau Geißler sah nur noch die hüpfenden Jo-Jos blitzen.

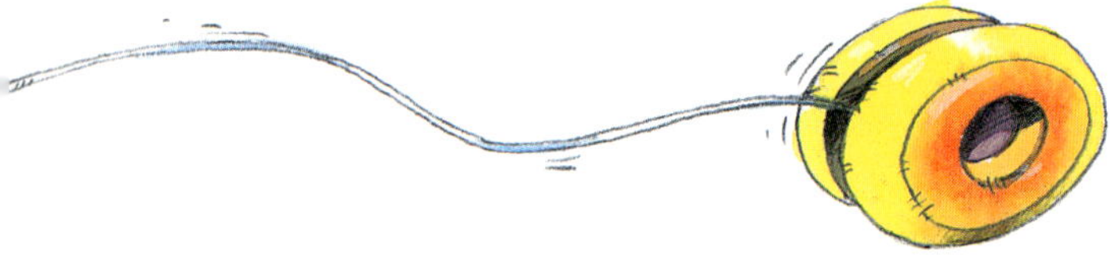

Das Faschingskostüm

Frau Seifert stand vor dem Kleiderschrank. „Heute ist Fasching. Was soll ich nur anziehen?“, fragte sie verzweifelt.

„Das Grüne“, schlug ihr Mann vor. „Dazu vielleicht eine Schleife ins Haar, und du nennst das Kostüm ‚Windmühle im Frühling‘, fertig.“

„Veräppeln kann ich mich selber, Mensch! Hast du vergessen, dass diesmal sogar eine Preisverleihung stattfindet? Für das einmaligste Kostüm? Die Verkleidung muss so gut sein, dass keiner den anderen erkennt. Eine Haarschleife?

Und deine Frau steht da, und alles ruft: Frau Seifert als Windmühle?"

„Ich wüsste noch was", sagte ihr Mann. „Wir haben vom Umzug noch den Schrank-Karton. Den stülpen wir dir über, und du gehst als Schrank-Karton. Das gab es noch nie."

„Okay, darauf habe ich echt Lust“, sagte Frau Seifert.

Gut, dass Seiferts einen Kleintransporter besaßen. Herr Seifert fuhr den riesigen Karton in die Schule, trug ihn auf dem Rücken ins Schulhaus und setzte ihn in der Klasse 2a vorsichtig bei der Tafel ab. Gleich darauf begann der Unterricht. Der Karton unterrichtete in den ersten beiden Stunden Mathematik.

In der großen Pause war die Preisverleihung durch den Schulleiter. Den ersten Preis, ein Buch über Formel-1-Wagen, erhielt eine wunderschöne Pocahontas, in die sich gleich mehrere Cowboys verliebten.

Den zweiten Preis, ein Puppen-Kosmetik-Set, bekam ein Großer aus der vierten Klasse, auf dem „Marlboro“ geschrieben stand.

Der Schulleiter redete ihn mit „Herr Schumacher“ an. Er glaubte, es wäre Schumi, der berühmte Rennfahrer.

Mit den Preisen war allerdings eine Verwechslung passiert. Schumi und Pocahontas durften tauschen.

„Und nun zum dritten Preis! Das Schrank-Karton-Monster bitte nach vorn!“, rief der Schulleiter.

Der Karton schob sich langsam nach vorn.

„Gratulation!“, rief der Schulleiter. „Und nun können wir es alle kaum erwarten, zu erfahren, wer darunter steckt!“

Mehrere Schüler halfen, Frau Seifert zu befreien. Sie war ganz rot im Gesicht, aber glücklich, denn der dritte Preis war eine Schachtel Buntstifte. Das Publikum raste.

Hinterher hieß es in der 2a: „Frau Seifert, wir hatten Sie schon heute Früh erkannt. Wieso kann ein Karton so gut kopfrechnen? Aber keiner von uns hat was verraten.“ Und Herzdamen, Seeräuber und römische Legionäre zwinkerten ihrer Mathematik-Lehrerin zu wie echte Verschwörer.

Falsch verbunden

„Meine Nerven! Das verflixte Gepiepse im Unterricht!“, schimpft Herr Uhlig oft.

Meine Nachbarin und ich, wir besitzen nämlich jede eine Glückwunsch-Karte, die auch noch beim hundertsten Aufklappen das Lied „Zum Geburtstag viel Glück“ ertönen lässt. Wir spielen das Lied oft zweistimmig. Manchmal wetten wir auch, wessen Glückwunsch-Karte zuerst fertig ist.

Herr Uhlig ruft dann: „Meine Nerven!“

Heute war es er selbst, bei dem es piepste.

Wir zerlegten gerade Wörter in Silben, Wörter, die Herrn Uhlig gerade in den Sinn kamen: Win-del, Fla-sche, Ba-de-wan-ne. Jemand schlug das Wort Ba-by-ka-cke vor. Und mitten in unser Riesengelächter hinein piepste es durchdringend, es trillerte.

Herrn Uhligs Hand fuhr wie der Blitz in seine Jackentasche und zog ein Handy hervor.

„Ja bitte!!!", rief er.

Dann lauschte er. Wir alle lauschten.

„Wie bitte? Sie verbinden? Steht es so schlimm?“, schrie er in den Hörer.

„Aha“, dachte ich, „der Anruf kommt von einem Unfallort. Denn wo sonst wird verbunden? Und was wird verbunden? Doch wahrscheinlich ein Bein oder Arm! Wo sonst kann etwas schlimm stehen?“ Ich stellte mir zuckendes Blaulicht vor, Polizei – und das Gedröhn eines Hubschraubers …

Herr Uhlig stand vor uns, weiß wie Kreide, sein Blick bohrte ein Loch in die Wand. Er atmete schwer. „Was?“, schrie er. „Falsch verbunden?“

Meine Nachbarin flüsterte mir zu: „Stell dir das mal vor: Das linke Knie blutet, und sie verbinden das rechte. Sind die doof!"

Wir starben vor Ungeduld, zusammen mit Herrn Uhlig.

„Ja, hier Uhlig! Auf welcher Station liegt sie denn, verflixt nochmal? Bekommt man denn hier keine vernünftige Auskunft?"

„Es muss auf einer Bahnstation passiert sein", flüsterte ich meiner Nachbarin zu.

Wir hatten Herrn Uhlig noch nie so aufgeregt erlebt. Bestimmt handelte es sich um ein Familienmitglied. Wir kannten seine Familie nicht, nicht mal seine Frau.

„Gott sei Dank!", rief Herr Uhlig. Er strahlte.

Auch uns fiel ein Stein vom Herzen. Vielleicht stand es doch nicht so schlimm?

„Verraten Sie mir, was es ist, Doktor?", fragte Herr Uhlig. Seine Stimme klang auf einmal samtweich. Aber der Doktor verriet anscheinend nicht, was für ein Unfall es war, das sahen wir an Herrn Uhligs Gesicht, das jetzt rot war wie ein Apfel. Und dann hörten wir aus dem Handy kräftiges Geschrei.

„Ein Baby, sag ich doch“, sagte ich zu meiner Nachbarin. Win-del, Fla-sche, Ba-de-wan-ne.

Herr Uhlig musste sich setzen. Er weinte. „Sieben Pfund, sieben Pfund“, schluchzte er, total am Ende mit seinen Nerven.

Wir zückten gleichzeitig unsere Glückwunschkarten: „Zum Geburtstag viel Glück ...“

Neues von den Sauriern

Wir freuen uns, wenn unsere Mathelehrerin krank ist. Nicht, weil sie hustet, niest und Halsweh hat. Sondern, weil sie dann daheim bleibt und Herr Huth sie vertritt. Herr Huth ist lustig.

Wir haben herausgefunden, dass Herr Huth sich nichts aus Minusaufgaben macht. Bei Minusaufgaben lässt er sich babyleicht ablenken. Ein Vogel vor dem Fenster genügt, die erste Schneeflocke. Und schon vergisst er die Aufgabe: „Rechne aus, wie viel 23 Tüten Sauerkraut minus 17 Tüten Sauerkraut ergibt.“

Man muss aber nicht auf Schneeflocken oder Vögel warten. Man fragt einfach: „Stimmt es, Herr Huth, dass Sie alles wissen?“

Und er antwortet: „Natürlich, ein Lehrer weiß alles.“ Und in seinen Augen blitzt es merkwürdig.

Ich melde mich: „Herr Huth, was ist Siebzehn und Vier?“ Ich erwarte, dass er antwortet: „Einundzwanzig.“

Aber Herr Huth ist schlauer und antwortet: „Ich kenne ein Kartenspiel, das so heißt.“

Ich teste ihn weiter: „Was ist das, Herr Huth: Es liegt auf dem Frankfurter Flughafen. Es ist rund und hat vier kleine Löcher.“

Herr Huth guckt zur Decke. „Auf dem Frankfurter Flughafen?“ Er hat keine Ahnung. Wir lachen ihn aus: „Ein Knopf, ein Knopf, Herr Huth, ein verlorener Hosenknopf!“

Sein Auge blinzelt, und er gibt zu, dass Lehrer doch nicht alles wissen, nur das meiste.

Ich lasse nicht locker: „Wir geben Ihnen eine Chance, Herr Huth. Frage: Warum sind die Saurier ausgestorben?“ Dies ist nämlich das Problem, auf das wir in unserer Klasse immer noch keine Antwort gefunden haben.

Herr Huth steht vorn, das Kinn in die Hand gestützt. Er überlegt.

Und beginnt langsam, als müsste er sich erst erinnern: „Also die Saurier. Hm. Die lebten einst in den Alpen. Der Jambosaurus. Der Daktylosaurus. Und wie sie alle heißen. Na, die Namen kennt jedes Kleinkind im Schlaf.“

„Alles klar, Herr Huth. Weiter!“

„Auf den Almwiesen grasten sie friedlich, die Saurier. Wie Kühe. Was fraßen sie? Natürlich die gesunden Alpenkräuter.“

„Welche Kräuter genau?“, bohre ich nach.

„Nun … Springkraut, damit sie springen lernten.“

Ich lache. „Schwimmkraut, damit sie schwimmen lernten! Kriechkraut fürs Kriechen, Fliegenpilze fürs Fliegen …“

„Richtig“, sagt Herr Huth. „Fliegenpilze sind giftig. Daran sind aber nur die Flugsaurier gestorben. Aber die Lieblingsspeise der übrigen Saurier war natürlich das *Sauer*kraut. Davon kommt ja erst das

Wort *Saurier*. Dieses Kraut hat viel Vitamin C."

Ich staune. „Davon stirbt man doch nicht aus?"

„Doch", sagt Herr Huth. „Wenn man sich nämlich dran gewöhnt hat, und plötzlich ist es alle. Die Saurier sind glatt an Vitaminmangel zu Grunde gegangen."

„Warum war das Sauerkraut alle?"

„Überlegt doch mal: Wer lebte außer den Sauriern noch in den Alpen? Die Bayern. Wie gern essen die Sauerkraut! Noch heute! Zu Bratwürsten! Kurzum, die Bayern haben den Sauriern ihre Lieblingsspeise weggegessen. Deshalb sind die Saurier ausgestorben. So, und nun wollen wir versuchen, rauszukriegen, wie viele Tüten Sauerkraut uns in unserer Minusaufgabe übrig bleiben."

Herr Huth ist lustig. Leider auch ein bisschen listig.

Der Kuss, die Geige und der Sellerie

Wir haben es alle gesehen: Herr Marek hat Fräulein Zaumseil einen Kuss gegeben. Seitdem sind die beiden verliebt.

Das mit dem Kuss kam so: Es war am Projekttag. Der Projekttag hieß „Die Welt der Saurier“. Die ganze Schule saß im Kino. Auf der Leinwand kämpfte ein Megalosaurus gegen einen Stegosaurus, und die Jungen schrien: „Gib's ihm!“ Die einen waren Fans vom Stego, weil der schwächer aussah, die anderen waren Fans vom Mego, weil der stärker aussah.

Da geschah es: Herr Marek, der vorn rechts neben Fräulein Zaumseil saß, wendete den Kopf nach links hinten und wollte gerade rufen: „Ruhe da hinten!“ Und Fräulein Zaumseil wendete ebenfalls den Kopf, weil sie rufen wollte: „Kinder, findet ihr es eine gute Idee, mit solcher Lautstärke die übrigen Zuschauer zu stören?“ Doch sie wendete den Kopf nach rechts, in Herrn Mareks Richtung – und da berührten sich ihre Münder. Wir bemerkten es, obwohl die Saurier sich gerade gegenseitig in die verknoteten Hälse bissen.

Der Mund von Fräulein Zaumseil und der Mund von Herrn Marek fuhren natürlich sofort auseinander und hauchten: „Oh, Entschuldigung, Kollegin!“ und „Oh, Entschuldigung, Kollege!“ Aber geküsst ist geküsst, nun waren die beiden Lehrerpersonen verliebt. So schnell geht das manchmal.

Nun muss man wissen: Herr Marek ist als Lehrer irgendwie komisch. Er bringt zu seinem Unterricht nicht etwa einen Rekorder mit, sondern eine ziemlich altmodische Geige.

Er ist so etwas wie ein Saurier unter den Lehrern. Aber Geige spielen, das kann er.

Die Kinder singen, er spielt. Zwischen den Strophen müssen sie warten, dann macht er ein Zwischenspiel. Und seit dem Vorfall im Kino geraten diese Zwischenspiele oft sehr lang. Der Bogen flitzt nur so über die Saiten, die Finger tanzen. Es klingt wie ein Jubilieren. Man hört es im ganzen Haus, auch über uns in Fräulein Zaumseils Zimmer, wo manchmal solches Chaos herrscht. Plötzlich herrscht Ruhe.

Inzwischen wurde bekannt, warum dort oben plötzlich alles mäuschenstill sitzt: Wenn die Geige so zu jubeln beginnt, beobachten Fräulein Zaumseils Kinder gespannt das Gesicht ihrer Lehrerin. Wie es rot wird. Und wie sie ihre freundliche, große Nase in ihren lieben, großen Händen verbirgt. Gar nicht wie verliebt, sondern als wäre sie ärgerlich.

Heute ist schließlich etwas passiert. Herr Marek saß daheim auf seiner Terrasse und wollte einen Bio-Sellerie klein schneiden. Für einen Bio-Salat. Das ist ein besonderer Salat, besonders gesund, besonders mild gewürzt, ein Salat für Verliebte.

Doch da gleitet ihm das Messer ab! Weil er mit seinen Gedanken ganz woanders ist – nämlich im Kino!

Aus seinem Finger kommt Blut. „Da haben wir den Salat!“, ruft Herr Marek. Man hört es bis auf die Straße.

Zufällig kommt Fräulein Zaumseil vorbei. Sie läuft schnell den Gartenweg entlang und sieht die Bescherung.

„Wo ist die Hausapotheke?“, ruft sie.

„Im Schlafzimmer, gleich links“, stöhnt Herr Marek. „Aber dort sieht es aus! Furchtbar!“

Fräulein Zaumseil holt Verbandszeug und wickelt einen extradicken Verband: „Damit es bald heilt, wegen des schönen Geigenspieles! So furchtbar sieht es übrigens gar nicht aus“, tröstet sie Herrn Marek. Und sie macht den Bio-Sellerie-Salat fertig. Mit einer Spur Knoblauch. Der Salat schmeckt beiden so gut, dass sie beschließen, noch dieses Jahr zu heiraten.

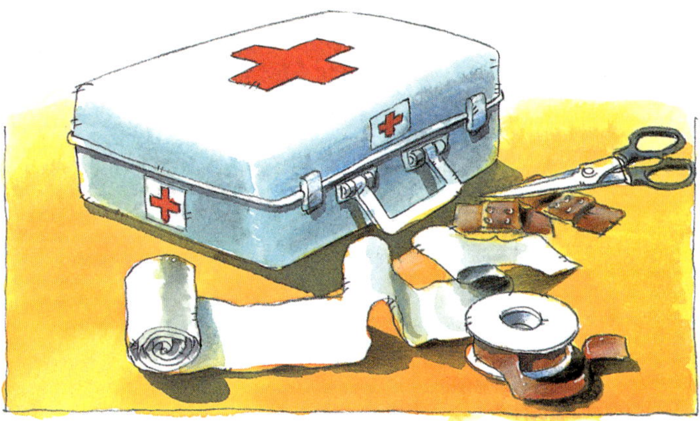

Wandertag

Frau Haumann hat mitgeteilt: „Am Dienstag ist Klassenwanderung zum Rochlitzer Berg. Wir freuen uns alle darauf, vielleicht sind auch die Brombeeren schon reif. Bequeme Schuhe, Trinkflasche, kleiner Snack, Taschengeld – nicht mehr als zwei Euro! Unsere Praktikantin kommt auch mit."

Die junge Praktikantin saß dabei. Sie lernt von Frau Haumann, wie man Schule hält. Und in ihre Richtung hat Frau Haumann leise noch etwas gesagt: „Seit meinem Beinbruch liebe ich Wandertage besonders. Da kann ich mein Bein so schön trainieren, wissen Sie?“

Wir in der Klasse dachten: „Wandern, okay, mal kein Unterricht. Aber gleich vier Kilometer? Wozu gibt es Autos?“

Jeder kennt das geschnitzte Rucksack-Männlein vor der Schule, den Wegweiser:

Am Dienstagmorgen geht es los. An der Spitze die Praktikantin, dann wir, hinten Frau Haumann. Jeder schleppt seinen Rucksack mit der Verpflegung. Der Marsch beginnt gleich mit dem Quietschen einer Autobremse. Der Fahrer schreit die Praktikantin an: „Keine Augen im Kopf, was?“

Daraufhin wechseln die Praktikantin und Frau Haumann die Plätze. Frau Haumann läuft jetzt vorn, die Praktikantin hinten. Dann kommt der Waldweg. Die Brombeeren sind noch grün. Das Murren geht los: „Frau Haumann, Sie haben uns Brombeeren versprochen!“

„Entschuldige, Jens. Ich habe mich geirrt. Vielleicht gibt es weiter oben aber doch schöne reife, schwarze!“

„Weiter oben? Wir müssen auch noch bergauf?“

„Bergwanderungen beginnen nun einmal bergauf, Carolin.“

„Frau Haumann, meine Schuhe drücken.“

„Ich hatte euch doch gebeten, Kai: Bequemes Schuhwerk!“

„Frau Haumann, hier ist ein Pilz!“

Frau Haumann muss über den Graben

steigen und den Pilz bewundern. „Es ist ein Ritterling, Jana“, sagt sie. „Ein guter Speisepilz, zum Abendessen leicht geschmort zum Butterbrot – ein wahrer Genuss!“

„Dann nehme ich ihn mit!“

„Gute Idee, Jana, nimm ihn mit.“

Jetzt wollen alle Kinder im Wald Ritterlinge suchen, aber Frau Haumann sagt Nein, jemand könnte verloren gehen.

„Ist das heute heiß, Frau Haumann! Wir haben solchen Durst!“

„Dann nehmt einen Schluck aus der Trinkflasche.“

„Die ist schon leer, Frau Haumann.“

Frau Haumann verteilt an die Durstigen saure Bonbons. Alle haben furchtbaren Durst.

„Frau Haumann, ist es noch weit?“

„Guckt mal hier“, sagt Frau Haumann. „Aber leise! Hier sitzt ein Großer Fuchs!“

„Wo, wo?!“

„Da flattert er!“

„Ach so. Bloß ein Schmetterling! Nicht mal ein echter Fuchs."

Der rostrote Schmetterling, der also „Großer Fuchs" heißt, schaukelt gemütlich den hellen Weg aufwärts. „Hinterher! Wer fängt ihn!", ruft Frau Haumann.

Eine wilde Jagd beginnt, der Schmetterling erhebt sich hoch in die Luft und verschwindet im Sonnenschein.

„Wieder fünfzig Meter geschafft“, murmelt Frau Haumann und sieht sich nach den Nachzüglern um.

Die Praktikantin ist nicht zu sehen. Außerdem fehlen Jana, Tim und Arne. Frau Haumann ruft nach vorn: „Frühstück!“ Und nach hinten ruft sie: „Kollegin Schmiedel! Jana! Tim! Arne!“

Der Ruf verhallt zwischen finsteren Fichten. Auf der anderen Seite des Weges ist eine Geländerstange. Dahinter geht es steil hinab in eine Schlucht. Nur ein paar Birken klammern sich mit ihren Wurzeln in den Fels. Frau Haumanns Ruf wird schrill: „Jaaaana! Tiiiiim! Aaaarne! Kollegin Schmiiiiiedel!“

Die Frühstücksrunde stimmt in die Rufe ein. Keine Antwort.

Frau Haumann nimmt ihr Handy. Sie spricht. Sie lauscht.

Da tritt die Praktikantin fröhlich aus einem Gebüsch weiter oben. Lachend, ihr eigenes Handy am Ohr.

Ihr folgen Jana, Tim und Arne. Sie haben jede Menge Ritterlinge gefunden. Und Brombeeren.

„Frau Haumann, ist es noch weit?"

Frau Haumann atmet tief durch. Weil die Luft so gut ist.

Irgendwann erreichen wir den Gipfel.

„Diese herrliche Aussicht!", ruft Frau

Haumann. Sie setzt sich zur Praktikantin ins Gras und sagt: „Ich kann so manches Liedlein singen. 25 Lieder, für jede Klassenwanderung ein anderes."

Die Kinder umdrängen den Kiosk. Die Cola zischt. Auch benötigt man dringend Überraschungseier, Schoko-Kekse und Wanderstöcke.

Frau Haumann klatscht in die Hände. „Kinder! Auf geht's!"

„Mann, das sind ja nochmal 4 Kilometer!", protestiert Silke.

Frau Haumann erhebt sich etwas

mühsam. Kann es sein, dass sie ein wenig humpelt?

Bergab geht es schneller. Nur Frau Haumann bleibt gelegentlich ein Stück zurück. Die Praktikantin übt unterdessen mit uns „Laurentia“, ein Lied, bei dem 63 Kniebeugen fällig sind. Frau Haumann weigert sich mitzumachen. Hat sie schlechte Laune? Wir gehen weiter.

Jana und die anderen Pilzsucher fangen an zu jammern, dass sie die Ritterlinge

tragen müssen. Ich habe eine Idee: Ich sammle die Pilze ein und überreiche den prallen Plastikbeutel Frau Haumann. Da hat sie heute zum Abendbrot einen wahren Genuss!

Angelika Mechtel, 1943 in Dresden geboren, gehört zu den großen Erzählerinnen des deutschsprachigen Raumes. Sie veröffentlichte Romane, Erzählungen, Lyrik, Hör- und Fernsehspiele. Ihre Werke wurden in viele Sprachen übersetzt. Seit 1975 schreibt Angelika Mechtel auch für Kinder. Für ihre Bücher erhielt sie mehrfach Literaturpreise, darunter den Kinderliteraturpreis „Miteinander leben – Ausländer unter uns“ des Berliner Senats und 1992 eine der acht Ehrengaben der Deutschen Schillerstiftung Weimar.

Brigitte Smith, geboren 1938, studierte in Wiesbaden, München und Montreal. Mittlerweile hat sie über hundert Kinderbücher illustriert. Sie lebte lange Zeit in San Francisco, unterrichtete sowohl in Kalifornien als auch in München. Brigitte Smith arbeitet auch als Malerin und lebt in München.

Günter Saalmann wurde 1936 in Waldbröl im Oberbergischen geboren. Später zog er nach Sachsen, lernte Russisch, Posaune spielen, Schaufenster dekorieren und Bücher schreiben. Heute lebt er in Chemnitz, ist mit seinem Programm „Po(e)saunenstunde“ viel unterwegs und arbeitet als Autor. Er ist verheiratet, hat zwei erwachsene Kinder und eine Enkeltochter. Seine Frau ist Lehrerin und hat ihm für die Geschichten in diesem Buch diesen und jenen Tipp gegeben.

Ralf Butschkow, geboren 1962 in Berlin, lebt mit seiner Frau, Tochter und Sohn noch immer dort. Eigentlich wollte er ja mal Lehrer werden, weil die immer so viel Ferien haben. Dann hat er sich aber doch für ein Grafikstudium entschieden, arbeitete als freier Werbegrafiker und ist heute überwiegend als Kinderbuchillustrator für verschiedene Verlage tätig.